STRATEGISCHE KARRIERE-PLANUNG

Methoden zum Erstellen eines Karriereplans

Verfasst von Maïlys Charlier
Übersetzt von Mareike Lobeck

STRATEGISCHE KARRIEREPLANUNG

- **Ziel:** einen Karriereplan aufstellen und geeignete Maßnahmen treffen, um die gesetzten Ziele zu erreichen
- **Anwendung:** Mit einer Karrierestrategie erkennen Sie, wie Sie Ihr Berufsleben ausrichten sollten, um Ihre Ziele zu erreichen.
- **Arbeitskontext:** Arbeitssuche, Karrierewechsel, Beförderung, Kompetenzmanagement, Karrieremanagement
- **FAQ:**
  - Was ist ein Karriereplan?
  - Wie erstelle ich konkret einen Karriereplan?
  - Wann sollte ich meinen Karriereplan erstellen bzw. überarbeiten?
  - Mit welchen Mitteln kann ich meine beruflichen Ziele erreichen?
  - Wie erfahre ich mehr über mich selbst, um einen passenden Karriereplan aufzustellen?
  - Wie entwickle ich mein berufliches Image?

- Wie hilft mir mein Lebenslauf bei meiner Karrierestrategie?
- Kann mir eine Karrierestrategie dabei helfen, alle meine Ziele zu erreichen?

EINLEITUNG

„Wo sehen Sie sich in fünf Jahren?" – Wer musste nicht schon auf diese Frage antworten, sei es bei einem Vorstellungsgespräch, einem Jahresgespräch oder ganz einfach bei einem Essen mit Freunden? Auch wenn man darauf meist spontan, ohne groß darüber nachzudenken, antwortet, schneidet die Frage besonders im Arbeitskontext ein wichtiges Thema an, da das eigene Wohlbefinden auch teilweise vom beruflichen Erfolg abhängt.

Es ist nicht einfach, einen Beruf zu finden, der den eigenen Kompetenzen entspricht, festzustellen, für welchen Beruf man geeignet ist, sich in einem Unternehmen weiterzuentwickeln, oder seine berufliche Karriere zu verfolgen. All dies verlangt Nachdenken und Vorbereitung. Bei der heutigen Konkurrenz auf dem Arbeitsmarkt sollte man sich außerdem keine Fehler erlauben, da attraktive Stellen im Vergleich zu der Bewerberzahl dünn gesät sind.

Welcher Beruf passt zu mir? Wie erkenne ich meine Kompetenzen? Was sind meine beruflichen Ziele und wie erreiche ich sie? Diese Fragen sollte man sich stellen, unabhängig davon, ob man zwar glücklich mit seiner aktuellen Situation ist, sich aber schnell weiterentwickeln will, die Karriere zu einem Halt gekommen ist, oder man sich beruflich neu ausrichten will. In jedem dieser Fälle hilft der Einsatz von Strategien dabei, sein Ziel zu erreichen, denn der berufliche Erfolg hängt vom angewendeten Karrieremanagement ab. In den nächsten 50 Minuten erfahren Sie, mit welchen Schritten Sie Ihre Karrierestrategie aufstellen können.

KARRIERESTRATEGIE: DIE GRUNDLAGEN

WELCHEN NUTZEN HAT DIE KARRIEREPLANUNG?

Erfüllt Ihre aktuelle Arbeitsstelle Sie nicht? Haben Sie das Gefühl, dass man Sie nicht angemessen wertschätzt? Besitzen Sie Fähigkeiten, die Sie bei der Arbeit nicht einbringen können? Gelingt es Ihnen nicht, eine Stelle zu finden, die Ihrem Können entspricht?

Heutzutage kommt es nicht selten vor, dass Menschen ihre Stelle wechseln wollen, weil ihnen ihre aktuelle Stelle nicht bzw. nicht mehr Spaß macht oder sie ihnen nicht ermöglicht, sich im Unternehmen weiterzuentwickeln. Auch andere Faktoren können eine Rolle spielen: eine angespannte Atmosphäre, Druck durch die aktuelle Wirtschaftssituation, befristete Arbeitsverträge, ein wenig attraktives Gehalt oder auch – insbesondere bei jüngeren Arbeitnehmern – der Wunsch nach unterschiedlichen Erfahrungen.

Vielleicht ist also der richtige Zeitpunkt gekommen, dass Sie sich über Ihre Karriere Gedanken machen und Ihre Strategie überarbeiten, um Ihre beruflichen Ziele zu erreichen. Dabei kann Ihnen ein Karriereplan helfen. Denn wenn Sie sich im Vorfeld mit Ihrer Persönlichkeit beschäftigt, sowie Ihre Kompetenzen, Wünsche und Bedürfnisse festgestellt haben, wird es Ihnen leichter fallen zu entscheiden, in welche Richtung sich Ihre Karriere bewegen soll.

> Ich war einige Jahre lang LKW-Fahrerin, musste diesen Beruf jedoch aufgeben, nachdem ich unglücklich gestürzt bin. Danach besuchte ich eine Weiterbildung im Bereich Logistik, die von der Agentur für Arbeit angeboten wurde, um Logistikplanerin zu werden. Im Anschluss daran habe ich im Jahr 2007 eine Stelle in der Betonlogistik gefunden und gleichzeitig eine Ausbildung zum Chocolatier gemacht, weil mich dies leidenschaftlich interessierte. Mein Plan war zunächst, mich selbstständig zu machen und den Beruf nebenher auszuüben, bis die Chocolaterie richtig Fuß gefasst hat. Im Jahr 2011 wurde mir schließlich von der Betonfirma gekündigt. Daher habe ich mich dazu entschieden, meine Leidenschaft früher zum Beruf zu machen, als ich ursprünglich geplant hatte, und meine ei-

gene Chocolaterie zu eröffnen. Bereits vier Jahre später musste ich in ein neues, viermal so großes Ladenlokal umziehen. Das zeigt doch, dass alles möglich ist! (Rita, selbstständige Chocolatière)

TIPP

Vergessen Sie nicht, dass sich eine Veränderung in Ihrer Karriere (Berufswechsel, neue Funktion mit Verantwortung etc.) auf Ihr Privatleben auswirken kann. Wenn Sie bislang klassische Arbeitszeiten hatten und sich nun für eine Stelle entschieden haben, wo Sie zeitlich flexibler sein müssen, werden Sie nicht umhinkommen, Ihr Privatleben neu zu organisieren. Das gleiche gilt für Ihr Gehalt, denn womöglich verdienen Sie nun weniger. Diese Faktoren sollten Sie miteinbeziehen, wenn Sie Ihren Karriereplan aufstellen. Informieren Sie sich, von welchem Berufsverband Ihr Traumberuf vertreten wird, um zusätzliche Informationen zu erhalten.

AUFSTELLEN DES KARRIEREPLANS

Eine Karrierestrategie hilft Ihnen, durch das Treffen konkreter Maßnahmen von Punkt A zu Punkt B zu gelangen. Stellen Sie sich dazu die drei folgenden essenziellen Fragen:

- Wo stehe ich in meiner Karriere?
- Wohin möchte ich?
- Was muss ich dafür tun?

Es gibt allerdings auch andere Möglichkeiten. Dem französischen Professor für Personalwesen Jean-Marie Peretti (geboren 1946) zufolge kann ein Karriereplan mithilfe der folgenden Fragen aufgestellt werden:

- Welche Funktionen habe ich bereits ausgefüllt?
- Wie sieht das Gleichgewicht zwischen meinem Berufs- und Privatleben aus?
- Wo liegen meine Prioritäten? (Unternehmen, Stelle, Stimmung, Ort, Arbeitsbedingungen etc.)
- Welche meiner Stärken eignen sich für diese Stelle? Wo liegen meine Schwächen?
- Wie gehe ich vor, um mein Ziel zu erreichen?

Die Autoren des Werks *GRH: Une approche internationale* (auf Deutsch: Human Resources Management: Ein internationaler Ansatz[1]) haben fünf Etappen beschrieben, die durchlaufen werden sollten, um einen Karriereplan aufzustellen:

- Analyse des beruflichen Werdegangs
- Analyse der eigenen Ambitionen, der Motivation und des Potenzials
- Definition der beruflichen Entscheidungen und Ausrichtung
- Festlegung der zur Verfügung stehenden Mittel
- Erarbeitung einer Strategie und eines Aktionsplans zur Weiterentwicklung und Erreichung der gesteckten Ziele

Identifikation der eigenen Fähigkeiten

Die Identifikation der eigenen Fähigkeiten ist der erste Schritt bei der Erstellung eines Karriereplans. Das Ziel besteht darin, sich in seinem beruflichen Umfeld richtig kennenzulernen und seine Werte, seine Erfahrungen und sein Wissen aufzuzeigen, also alles, was man wäh-

---

1. Dieses Buch ist bislang nicht auf Deutsch erschienen.

rend seines Studiums bzw. seiner Ausbildung, seiner Praktika und/oder vorhergehender Arbeitserfahrungen gelernt hat. Unabhängig davon, ob Sie Student oder Arbeitsnehmer sind, sollten Sie das vergangene Jahr Revue passieren lassen und all Ihre Erfolge so detailliert wie möglich aufschreiben. Dadurch gewinnen Sie Abstand und können Ihr berufliches Profil einfacher analysieren. Die folgenden Regeln helfen Ihnen bei der Identifikation Ihrer Fähigkeiten:

- Notieren Sie präzise Ihre Erfahrung und geben Sie Ihre Stellenbezeichnung und Aufgabenbeschreibung an.
- Verwenden Sie Verben, um Ihre guten Eigenschaften aufzulisten (installieren, bauen, vorbereiten, führen etc.).
- Lassen Sie nichts aus, auch wenn Ihnen ein Aspekt oder eine Kompetenz nicht wichtig erscheint.

Diese Schritte werden Ihnen nicht nur helfen, herauszufinden, welcher Beruf zu Ihnen passt, Ihren Lebenslauf zu optimieren und damit Ihre Chancen zu hören, die Aufmerksamkeit eines potenziellen Arbeitsgebers zu erlangen, sondern auch auf persönlicher Ebene die Eigenschaften zu definieren, die Ihnen noch fehlen, um Ihre Ziele zu erreichen.

Die Karriereanker

Dem US-amerikanischen Professor am MIT (Sloan School of Management in Massachusetts, USA) Edgar Schein (geboren 1928) zufolge hängt die berufliche Ausrichtung von mehreren sogenannten Karriereankern ab, das heißt persönlichen Werten, die berufliche Entscheidungen maßgeblich beeinflussen. Diese umfassen die Fähigkeiten, Motivationsfaktoren, Prinzipien sowie Einstellungen, die der Karriere eine konstante Richtung vorgeben, also einen roten Faden darstellen. Erkennen Sie mithilfe von Scheins

Unterteilung Ihre Anker (es ist nämlich möglich, mehrere zu haben). Danach wird es Ihnen leichter fallen, eine Karrierestrategie aufzustellen und zu erkennen, welcher Beruf zu Ihnen passt.

Scheins acht Karriereanker

Zielfestlegung

Um Ihre beruflichen Ziele festzulegen, sollten Sie Ihre Träume, berufliche Motivation sowie die Berufe und Unternehmen, die Sie interessieren, aufschreiben. Danach werten Sie diese Liste aus und überlegen, welche genauen Funktionen am ehesten Ihren Fähigkeiten und persönlichen Werten entsprechen.

Damit die Ziele realistisch sind, sollten Sie sehr präzise Fragen stellen: Welche Fähigkeiten werden von Arbeitgebern für den Beruf, der mich interessiert, nachgefragt? Welche Bereiche des Wirtschaftssektors interessieren mich? Welche Unternehmen können von meinen Fähigkeiten profitieren? Auf welcher Stelle sehe ich mich in zehn Jahren? Wie soll sich meine Karriere entwickeln?

Mit der SMART-Methode können kurz- ebenso wie langfristige Ziele einfach und effizient festgelegt werden.

Die SMART-Methode

Spezifisch (specific)	Ein Ziel sollte so präzise wie möglich formuliert werden. Anstatt: „Ich will meine IT-Kenntnisse verbessern", sollte das Ziel heißen: „Ich möchte eine Internetseite erstellen, einen Blog schreiben, ein Programm entwickeln etc."
Messbar (measurable)	Man sollte seinen Fortschritt nachverfolgen können: „Vor Ende des Monats muss ich die Internetseite fertiggestellt haben."
Erreichbar (achievable)	Wenn man sich zu hohe Ziele steckt, hat man Schwierigkeiten, sie zu erreichen. Legen Sie deshalb Meilensteine fest und machen Sie die Schritte einen nach dem anderen, denn so erhöhen Sie Ihre Erfolgschancen und bleiben motiviert.
Realistisch (realistic)	Bringen Sie Traum und Wirklichkeit nicht durcheinander. Der nächste Bill Gates zu werden wäre sicherlich ein schwieriges Unterfangen, Sie können aber ein anerkannter IT-Experte werden, indem Sie in diesem Bereich neue Kompetenzen erwerben.
Terminiert (time-bound)	Wenn Sie keine Deadline setzen, wird Ihre Motivation sinken. Außerdem können Sie dann nicht feststellen, ob Ihr Ziel erreicht wurde.

TIPP

Sehen Sie sich wachsende Sektoren an, in denen bald neue Berufe oder Funktionen entstehen können. Diese bieten Ihnen größere Erfolgschancen als Bereiche, wo die Nachfrage weit das Stellenangebot übersteigt.

AKTIV WERDEN FÜR DIE KARRIERE

Lebenslanges Lernen

Thomas Kochan (geboren 1947), ebenfalls Professor an der MIT Sloan School of Management, stellt in seinem Artikel „Advice for the Underemployed Class of 2014" verschiedene Strategien zur Karriereoptimierung vor:

- Zunächst rät er, ausgeprägte Fähigkeiten nicht zu vernachlässigen, sondern die eigenen Talente „aggressiv und kreativ"[2] auszudrücken. Bietet Ihnen Ihre aktuelle Stelle keine Möglichkeit, sie einzusetzen, sollten Sie sie auf andere Weise pflegen: Wenn Sie gut schreiben können, sollten Sie in Ihrer Freizeit schreiben; wenn Sie ein Händchen für Grafikdesign haben, können Sie Ihren Freunden und Bekannten Ihre Dienste anbieten.

---

2. Übersetzt für 50Minuten.de

- Als zweiten Punkt spricht Kochan die aktuelle Arbeitseinstellung an. Ihm zufolge ist es notwendig, Initiative zu zeigen und sich im Alltag selbst zu übertreffen. Beschränken Sie sich zudem nicht nur auf die Aufgaben, die Ihre Stelle direkt betreffen, sondern bieten Sie Ihre Hilfe für andere Aufgaben an, selbst wenn diese über die eigentliche Funktion Ihrer Stelle hinausgehen.
- Schließlich schlägt Kochan vor, sich weiter neue Fähigkeiten anzueignen und die bereits erworbenen auszubauen. Seiner Meinung nach sind die Arbeitsstellen in der aktuellen Wirtschaftslage nicht mehr so sicher wie früher, weswegen man seine Zukunft besser absichern und sich vor bösen Überraschungen schützen sollte, indem man sich stetig weiterbildet. Kochan rät, sich mit Beruf-Trends zu beschäftigen und festzustellen „in welche Richtung sich die Technologie in Ihrem Beruf entwickelt"[3], um im eigenen Bereich nicht überholt zu werden.

---

3. Übersetzt für 50Minuten.de

Die berufliche Kompetenz ist einer der Schlüssel zu einer erfolgreichen Karriere. Denn ohne sie haben Sie in den Augen Ihres (potenziellen) Arbeitgebers nicht viel zu bieten. Denken Sie daran, sie im Laufe Ihres Berufslebens entsprechend Ihrer Zielsetzungen weiterzuentwickeln. Wenn Sie beispielsweise Manager werden wollen, wird es Ihnen von großer Hilfe sein, wenn Sie lernen, mit Konflikten umzugehen, und Ihre Leadership-Fähigkeiten ausbauen. Verschiedene Fortbildungen, Seminare und Kurse können Ihnen dabei helfen, Ihre Karriere neu auszurichten oder Ihre beruflichen Ziele zu erreichen. Massive Open Online Courses (kurz MOOC, auf Deutsch: zulassungsfreie Onlinekurse) sind dafür ideal, da diese Fortbildungen keine Präsenz erfordern und für alle Bereiche zur Verfügung stehen: von Marketing über Recht bis Buchhaltung. Doch auch andere Fortbildungen können als e-Learning, sprich am Computer, von zu Hause aus gemacht werden.

Die Methode des proaktiven Karrieremanagements

Die Methode des proaktiven Karrieremanagements kann Ihnen ebenfalls helfen. Sie wurde von dem Wirtschaftswissenschaftler Patrick Daymand entwickelt und umfasst einige Werkzeuge und Maßnahmen, mit denen man seine Fähigkeiten zur Wertschöpfung nutzen sowie seine beruflichen Ziele einfacher und effizienter erreichen kann. Die Methode besteht darin, ein bereits gut durchdachtes Projekt einem Unternehmen anzubieten, das über die Mittel für die Umsetzung verfügt. Mit anderen Worten sollten Sie, wenn Sie gerne für ein bestimmtes Unternehmen arbeiten möchten, herausfinden, was Sie diesem bieten können, und ein Projekt entwickeln, mit dem Sie es überzeugen können, unerlässlich für es zu sein.

Networking

Ein solides Adressbuch ist für den beruflichen Erfolg essenziell. Denn ein ausgedehntes, gut aufgestelltes Netzwerk ermöglicht Ihnen, sich an die richtigen Personen wenden zu können, um Ihre Karriere bzw. Ihr Projekt voranzutreiben.

Bringen Sie also in Erfahrung, welche Experten es in Ihrem Bereich gibt und machen Sie sich ihnen bekannt. Nehmen Sie an Networking-Veranstaltungen in den Bereichen, die Sie interessieren, teil (Workshops, Messen, Seminare, Kongresse), denn dort können Sie Personen kennenlernen, die Ihnen in Zukunft nutzen können. Informieren Sie sich im Vorfeld über die Teilnehmer und Gäste, um sich so einfacher unterhalten zu können. Die folgenden Ratschläge können Ihnen beim Networking helfen:

- Fragen Sie sich, welche neuen Bekanntschaften für Sie interessant wären. Dann sollten Sie einen Aktionsplan aufstellen, um das Treffen nicht dem Zufall zu überlassen.
- Bereiten Sie einen Satz vor, mit dem Sie sich vorstellen, um ein Gespräch zu beginnen.
- Sorgen Sie dafür, dass Sie sich innerhalb kurzer Zeit „verkaufen" können.
- Bleiben Sie stets positiv, selbstbewusst und lächeln Sie.
- Lassen Sie Ihre Gesprächspartner aussprechen, zeigen Sie sich interessiert, hören Sie Ihnen zu und stellen Sie Fragen.
- Widmen Sie Ihre Zeit nicht nur einer Person.

Beenden Sie das Gespräch, wenn nötig, bedanken Sie sich bei der Person und bitten Sie sie um ihre Visitenkarte, damit Sie Ihr Gespräch zu einem anderen Zeitpunkt fortsetzen können.

- Bleiben Sie mit den Personen, die Sie getroffen haben, in Kontakt, indem Sie sich per E-Mail bei ihnen bedanken, sich nach Neuigkeiten erkundigen oder sie um Informationen zu einem bestimmten Thema bitten.
- Vernachlässigen Sie nicht die sozialen Netzwerke. Hier können Sie ankündigen, dass Sie an einer bestimmten Veranstaltung teilnehmen, und Fotos, Tweets oder einen Status posten. Reagieren Sie ebenfalls auf die Posts der anderen.

> Ich betreibe sehr viel Networking, um mein Geschäft voranzutreiben. Es eignet sich hervorragend dafür, meine Pralinen zu bewerben und neue potenzielle Kunden kennenzulernen. Jedes Jahr nehme ich zum Beispiel an Veranstaltungen der Industrie- und Handelskammer sowie des Verbands deutscher Unternehmerinnen teil. (Rita)

Soziale Netzwerke

In Zeiten der Hyperkonnektivität spielen soziale Netzwerke eine entscheidende Rolle bei der Karriereentwicklung. Wenn Sie noch keinen Account bei (unter anderem) LinkedIn, Twitter und/oder Facebook haben, ist nun ein guter Zeitpunkt, dies zu ändern. Unabhängig davon, ob Sie ein neues Projekt angehen oder die Karriere wechseln möchten, können sich soziale Netzwerke als äußerst hilfreich erweisen:

- **LinkedIn**: Dieses Netzwerk ist aufgrund seines Nutzens in der Berufswelt besonders interessant, da es auf berufliches Networking ausgelegt ist. Werden Sie Mitglied in Gruppen, die auf Ihren Bereich spezialisiert sind, und nehmen Sie an Diskussionen zu Themen teil, die Ihren Kompetenzbereich betreffen. Halten Sie außerdem Ihr Profil auf dem neusten Stand: Aktualisieren Sie Ihre Erfahrungen und Kompetenzen, denn Arbeitgeber besuchen regelmäßig soziale Netzwerke. Daneben können Sie sich ebenfalls über potenzielle Kunden oder Business-Partner informieren.

- **XING**: Diese Plattform funktioniert ähnlich wie LinkedIn, ist im Gegensatz dazu jedoch nicht global, sondern für den deutschsprachigen Raum ausgerichtet.
- **Twitter**: Auch dieser Kurznachrichtendienst spielt eine Rolle, man sollte jedoch intelligent tweeten und das Netz nicht mit unbesonnenen, unwichtigen Nachrichten überschwemmen, da man ansonsten schnell unseriös und unglaubhaft wirkt. Wählen Sie Ihre Lieblingsthemen aus, tweeten Sie höchstens ein- bis zweimal am Tag und verwenden Sie passende Hashtags. Viele Stellenangebote werden auch über Twitter verbreitet – es kann also nicht schaden, sich dort einmal umzusehen. Wenn Sie an einer beruflichen Veranstaltung teilnehmen, sollten Sie darüber twittern und den eingeladenen Experten folgen.
- **Facebook**: Dieses soziale Netzwerk ist zwar allgemein mehr auf Freizeit ausgelegt, es kann sich aber auch beim Karrieremanagement als nützlich erweisen. Neben den Stellenangeboten, die hier täglich geteilt werden, gibt es auch Gruppen oder Seiten, die Ihnen von Nutzen sein können.

Um auf Facebook effizient zu kommunizieren, sollten Sie ein offizielles Profil anlegen und es über Ihren privaten Account und andere Kommunikationsmittel (Internetseite, E-Mail-Signatur etc.) mit so vielen Internetbenutzern wie möglich teilen. Sprechen Sie in Ihrem Umfeld, unter Freunden und Kollegen darüber. Aktualisieren Sie regelmäßig Ihr Profil, indem Sie Fotos und Videos posten, kommunizieren Sie mit Ihren Abonnenten und fragen Sie sie nach ihrer Meinung. Um noch mehr Likes zu sammeln, können Sie Ihr Google+-Konto mit Ihrem Facebook-Profil verbinden: Die Empfehlungen der Suchmaschine werden Ihnen noch weitere Fans bescheren.

ACHTUNG!

Seien Sie vorsichtig, nicht zu viel von sich in sozialen Netzwerken preiszugeben. Diese können zwar nützlich sein, haben aber auch ihre Nachteile. Vermeiden Sie es beispielsweise, Ihr gesamtes Privatleben offenzulegen, denn damit laufen Sie Gefahr, die Kontrolle über Ihr Image zu verlieren. Vermeiden Sie ebenfalls kompromittierende Fotos, politische Ansichten und polemisierende Aussagen. Zu geschäftliche Posts haben bei den Nutzern von Facebook ebenfalls nicht den erhofften Erfolg. Verfolgen Sie stattdessen einen originelleren, humorvollen Ansatz, denn daran werden sich die Nutzer viel eher erinnern.

Eine effiziente Verwendung der sozialen Netzwerke kann Ihre Karriere voranbringen, insbesondere da sie helfen:

- Ihr Publikum zu vergrößern und Ihre Kunden zu binden.
- den Traffic auf Ihrer Internetseite zu erhöhen (Anzahl der Ansichten und Besucher).
- die Sichtbarkeit zu erhöhen und so bekannter zu werden.
- eine tatsächliche Projekt-Community zu bilden.
- die Platzierung in Suchmaschinen zu verbessern.

TIPP

Soziale Netzwerke reichen nicht aus. Beschränken Sie sich daher nicht nur auf die virtuelle Welt, sondern pflegen Sie auch reale Beziehungen, denn dieser direkte Kontakt ist – gerade in der Arbeitswelt – entscheidend. Aus diesem Grund sollten Sie stets Visitenkarten bei sich tragen, um sie verteilen zu können, wenn Sie neue Menschen kennenlernen. Dabei sollten Sie die Unterhaltung jedoch mit einem leichten Thema beginnen, damit Ihr Vorgehen nicht als zu aggressiv wahrgenommen wird.

Personal Branding

Für eine erfolgreiche Karriere ist es unerlässlich, sich selbst zu einer Marke zu machen und diese das gesamte Berufsleben über zu pflegen. Um erfolgreich zu sein, müssen Sie sich von der Masse abheben und Ihrer Marke dadurch einen Wert geben: Dazu ist das Personal Branding da. Dieses Konzept, das erstmals im Jahr 1997 von dem amerikanischen Management-Experten und Autor Tom Peters (geboren 1942) vorgestellt wurde, besteht darin, aus der eigenen Person ein Marketing-Objekt zu machen. Dazu formen Sie mithilfe Ihrer Alleinstellungsmerkmale Ihre Identität.

Danach sollten Sie auf Ihrem Lebenslauf, Ihrer Internetseite, Ihrem Twitter- oder Facebook-Profil etc., Ihrem Blog bzw. Ihrer Visitenkarte für Ihre persönliche Marke werben. Ein eigener Blog ist sehr empfehlenswert, da er sich ideal dafür eignet, sein Image zu entwickeln und mit Wert zu versehen. Ihre persönliche Marke bauen Sie jedoch ebenfalls im echten Leben, also im Kontakt mit anderen Menschen, auf. Achten Sie daher darauf, sich allen Personen gegenüber, die Sie auf einer Konferenz, einer Fortbildung oder einer anderen Veranstaltung treffen, ähnlich zu äußern und hier und dort eine Visitenkarte zu überreichen.

TOP TIPPS

- **Stellen Sie sich die richtigen Fragen**: Wer sind Sie? In welchem Bereich möchten Sie sich weiterentwickeln? Wo liegen Ihre Stärken und Schwächen? Welche Möglichkeiten haben Sie? Wovor haben Sie Angst? Wie stellen Sie sich Ihre Zukunft vor? Welche Funktionen und Aufgaben haben Sie auf Ihrer aktuellen Stelle? Welche kurz- und langfristigen Ziele haben Sie? Wie können Sie sie erreichen? Wo liegen Ihre Prioritäten? Wie können Sie Arbeits- und Privatleben ausgleichen? Wie sieht Ihre Traumarbeitsstelle aus? Haben Sie dafür Fähigkeiten erworben? Eine gute Selbstkenntnis ist unerlässlich, um Fehler bei der beruflichen Orientierung zu vermeiden.
- **Setzen Sie Ihren Karriereplan so früh wie möglich um**: Das hilft Ihnen, Ihre berufliche Entwicklung klarer zu sehen und bei einer geeigneten Gelegenheit angemessene Entscheidungen zu treffen. Sie können ihn natürlich anpassen, wenn sich Ihre Ziele verändern.

- **Sammeln Sie Erfahrungen**: So entwickeln Sie ebenfalls neue Fähigkeiten. Dazu haben Sie verschiedene Möglichkeiten: Wechseln Sie innerhalb desselben Unternehmens regelmäßig Ihre Stelle (alle zwei bis vier Jahre), beteiligen Sie sich an ungewöhnlichen Projekten oder nehmen Sie eine Stelle in einem anderen Unternehmen an (anders hinsichtlich des Wirtschaftsbereichs, der Kunden, der Größe etc.).

- **Legen Sie ein Portfolio an**: Während in einigen Berufsgruppen, wie bei Models und Fotografen, ein Portfolio vorausgesetzt wird, ist es in anderen Bereichen nicht verpflichtend, kann aber ebenfalls nützlich sein. Stellen Sie Ihre beruflichen Dokumente zusammen, um so Ihre Kompetenzen mit etwas Abstand betrachten und Ihr Wissen dokumentieren zu können.

- **Informieren Sie sich kontinuierlich**: Unabhängig davon, welche Quellen Sie nutzen (Presse, soziale Netzwerke etc.), ist es äußerst wichtig, dass Sie sich täglich über Ihren Beruf und Ihren Bereich informieren, um über die neusten Innovationen Bescheid zu wissen und sich nicht abhängen zu lassen.

- **Suchen Sie nach einer Fortbildung, die zu Ihnen passt**: Es gibt verschiedene Fortbildungen, die Ihnen dabei helfen können, einen auf Ihre Bedürfnisse abgestimmten Karriereplan zu erstellen. Andere Bildungsmaßnahmen ermöglichen Ihnen, Fähigkeiten zu entwickeln, die Ihnen in Ihrer Karriere behilflich sind. Denken Sie daran, das neu Erlernte auf Ihrem Lebenslauf zu ergänzen.

- **Schließen Sie Praktika nicht von vornherein aus**: Auch wenn es nicht immer angenehm oder möglich ist, unentgeltlich zu arbeiten, statten Praktika Sie mit Know-how und Erfahrung aus, die Ihnen bei Ihrer weiteren Karriere helfen werden. Außerdem können sich dadurch neue Möglichkeiten auftun, eventuell wird Ihnen sogar eine unbefristete Stelle angeboten. Daneben können Sie ebenfalls einige wertvolle neue Kontakte knüpfen.

- **Geben Sie all Ihren Erfahrungen Gewicht**: Auch wenn es sich um ein befristetes Arbeitsverhältnis gehandelt hat – bei jeder Arbeitserfahrung weiten Sie Ihre Fähigkeiten aus, sodass es sich lohnt, sie auf Ihrem Lebenslauf, Ihrem Motivationsschreiben oder auf Ihrer Internetseite zu vermerken oder auch beim Vorstellungsgespräch miteinfließen zu lassen. Zudem kann sich auch Know-how aus Ihrem Privatleben als nützlich erweisen, Sie müssen es nur gut formulieren können.

- **Vermeiden Sie es, ständig den Job zu wechseln**: Wenn Sie zu häufig den Job wechseln, haben Sie nicht genügend Zeit, neue Kompetenzen zu erwerben.

FAQ

WAS IST EIN KARRIEREPLAN?

Ein Karriereplan ist ein langfristiger Strategieplan, mit dem Sie Ihre berufliche Entwicklung vorausplanen. Er ermöglicht Ihnen, mithilfe von bestimmten Maßnahmen zum Erreichen Ihrer beruflichen Ziele Ihre Karriere neu auszurichten oder ganz einfach zu beginnen. Zuvor sollten Sie Ihre berufliche Identität analysieren (Fähigkeiten, Werdegang, Ziele etc.), anschließend können Sie dann die zu Ihnen passende Karrierestrategie aufstellen.

WIE ERSTELLE ICH KONKRET EINEN KARRIEREPLAN?

Beim Aufstellen einer Karrierestrategie sollte methodisch vorgegangen werden, um nicht gleich zu Beginn in eine Sackgasse zu geraten. Halten Sie sich daher an die folgenden Schritte:

Die Schritte der Karrierestrategie

Deadlines setzen

Mithilfe verschiedener Mittel eine persönliche Marke schaffen

Angemessenes Networking betreiben

Einen Karriereplan, der zu den eigenen Kompetenzen, Zielen und dem beruflichen Projekt passt, erstellen

Die eigenen Kompetenzen und Ziele erfassen, um sein berufliches Projekt besser ausrichten zu können

Die eigene Persönlichkeit bestimmen
(Was motiviert Sie? Wo liegen Ihre Werte? Was sind Ihre Stärken? Was sind Ihre Ziele?)

Den beruflichen Werdegang erfassen
(Was sind Ihre Fähigkeiten? Welche Erfahrungen besitzen Sie? Wo liegen Ihre Erfolge?)

WANN SOLLTE ICH MEINEN KARRIEREPLAN ERSTELLEN BZW. ÜBERARBEITEN?

- Wenn Sie Ihr Studium beenden und mit der Arbeitssuche beginnen, sollten Sie damit beginnen, einen Karriereplan zu erstellen, auch wenn sich dieser im Laufe der Zeit sicherlich noch häufig ändern wird. So vermeiden Sie, zu viel Zeit und Energie darauf zu verwenden, sich auf Stellen zu bewerben, die nicht zu Ihnen passen.
- Wenn Ihre Stelle Ihnen seit einiger Zeit nicht mehr entspricht und Sie sich nicht entfalten können oder den Eindruck haben, dass Ihnen etwas fehlt, ist es an der Zeit, Ihren Karriereplan zu überarbeiten und neu anzufangen.

MIT WELCHEN MITTELN KANN ICH MEINE BERUFLICHEN ZIELE ERREICHEN?

Networking bezeichnet eine Art und Weise, Kontakte zu knüpfen und sich ein berufliches Netzwerk aufzubauen. Um Ihren Bekanntenkreis auszudehnen, sollten Sie an Veranstaltungen, die einen Bezug zu Ihrem Beruf haben (Workshops, Messen, Kongresse etc.), teilnehmen, Personen mit Schlüsselrollen kennenlernen, Ihre Visitenkarte verteilen, den Austausch mit potenziellen Partnern (Zulieferer, Händler, Kunden, Sponsoren etc.) suchen und in sozialen Netzwerken aktiv sein. Diese können Ihnen dabei helfen, eine Stelle zu finden oder Ihre Karriere voranzutreiben, insbesondere LinkedIn und XING, die für berufliche Kontakte ausgelegt sind. Mit ihnen können Sie sich ein Markenimage aufbauen. Indem Sie qualitativ hochwertigen Content posten, erhöhen Sie Ihre Chancen, vom viralen Effekt zu profitieren, dadurch viele Menschen zu erreichen und so Ihre Sichtbarkeit zu erhöhen.

TIPP FÜR DEN ARBEITGEBER

Networking ist auch für Arbeitgeber interessant. Wenn diese Personal einstellen möchten, werden sie zunächst unter ihren eigenen beruflichen und privaten Kontakten nach geeigneten Kandidaten suchen und Personen bevorzugen, mit denen sie bereits ein Vertrauensverhältnis haben. Diese Praxis ist sowohl in großen als auch kleinen Unternehmen weit verbreitet.

WIE ERFAHRE ICH MEHR ÜBER MICH SELBST, UM EINEN PASSENDEN KARRIEREPLAN AUFZUSTELLEN?

Instrumente wie beispielsweise der Myers-Briggs-Typenindikator (MBTI) können Ihnen dabei helfen, mehr über sich selbst zu erfahren. Sie können so Ihr berufliches Profil erstellen sowie Ihre Hauptcharaktereigenschaften, Stärken und Schwächen feststellen. Der „Wie? Wo? Was?"-Test ermöglicht Ihnen wiederum festzustellen, ob Ihre Methode zur Arbeitssuche passend und effizient ist. Beide Tests werden im Kapitel <u>Jetzt sind Sie gefragt!</u> näher vorgestellt.

WIE ENTWICKLE ICH MEIN BERUFLICHES IMAGE?

Der erste Schritt zur Entwicklung und Bestätigung seines Markenimages besteht darin, sich selbst kennenzulernen, alle seine Fähigkeiten zu erkennen und seine Ziele festzulegen. Danach wird es Ihnen leichter fallen, sich eine Identität zu schaffen, die Ihnen entspricht und Sie von Ihrer Konkurrenz abhebt. Sie können sie anschließend über alle Mittel verbreiten, die

Ihnen zur Verfügung stehen: soziale Netzwerke, Networking, Visitenkarte, Blog, Internetseite, bei Konferenzen, Fortbildungen etc. Das Wichtigste für ein wirkungsvolles Markenimage ist Authentizität. Ihre Gesprächspartner werden eher Vertrauen zu Ihnen fassen, wenn Sie nicht versuchen, sich als perfekt darzustellen.

WIE HILFT MIR MEIN LEBENSLAUF BEI MEINER KARRIERESTRATEGIE?

Ihr Lebenslauf ist ein nicht zu vernachlässigendes Werkzeug: Es handelt sich gewissermaßen um Ihren beruflichen Pass, denn er gibt über Ihre Erfahrungen und Fähigkeiten Auskunft. Da sich diese stets verändern, müssen Sie Ihren Lebenslauf regelmäßig aktualisieren und auf die jeweilige Arbeitsstelle anpassen. Um Ihren Lebenslauf perfekt auf die gewünschte Stelle zuzuschneiden, sollten Sie sich in Ihren zukünftigen Arbeitgeber hineinversetzen und sich fragen, nach welchen Fähigkeiten und Eigenschaften er sucht. Heben Sie diejenigen hervor, die am meisten der Stelle entsprechen. Wenn jedoch Ihr neuer Karrierewunsch stark von Ihren bisherigen Erfahrungen abweicht, sollten Sie dies zu Beginn Ihres Anschreibens erwähnen und erklären, was Sie dazu gebracht hat, den Beruf zu wechseln. Versuchen Sie, sich abzuheben und die Aufmerksamkeit Ihres zukünftigen Arbeitgebers auf sich zu ziehen, wobei Sie sich gleichzeitig an die Standardinformation (Angaben zur Person, Ausbildung, Erfahrung, Fähigkeiten) halten und sich so kurz wie möglich fassen. Lassen Sie keine Fortbildung oder berufliche Erfahrung aus, da sie alle auf bestimmte Eigenschaften und Fähigkeiten hindeuten, die für Ihren zukünftigen Arbeitgeber essenzielle Informationen darstellen.

KANN MIR EINE KARRIERESTRATEGIE DABEI HELFEN, ALLE MEINE ZIELE ZU ERREICHEN?

Eine gute Karrierestrategie hilft Ihnen, sich Ihren Zielen anzunähern, und ermöglicht Ihnen, die richtigen Mittel dafür auszuwählen. Danach liegt es nur noch an Ihnen, daran zu arbeiten, sie zu erreichen!

JETZT SIND SIE GEFRAGT!

FÄHIGKEITEN-KARTEI

Fertigen Sie für jede Ihrer Berufserfahrungen (Praktikum, Aus-/Fortbildung, Studentenjob) und jede ausgeübte Funktion eine Karteikarte an, um Ihre Fähigkeiten besser einsetzen zu können und zu erkennen, wie Sie Ihre Karriere in Zukunft ausrichten können. Wenn Sie lange am selben Ort geblieben sind, aber dort verschiedene Stellen innehatten, sollten Sie für jede dieser Stellen eine Karte anfertigen. Schreiben Sie auf, was Sie gelernt haben (Kenntnisse, technisches Know-how etc.) und welche Verantwortung Sie getragen haben. Wenden Sie dasselbe Prinzip auf Ihre privaten Aktivitäten an (Sport, Hobbys) und fügen Sie Eigenschaften hinzu, die dafür notwendig sind. Mit dieser Übung können Sie mehrere Fragen beantworten: In welchem Beruf nutzt mir mein Know-how? In welcher Funktion? Welche Art von Unternehmen könnte von mir profitieren? Für welchen Posten bin ich hervorragend geeignet?

DER „WIE? WO? WAS?"-TEST

Dieser Test besteht aus drei einfachen Fragen:

- **Wie?** Welche Techniken benutzen Sie bei Ihrer Arbeitssuche? Wie verhalten Sie sich bei einem Einstellungsgespräch? Welche Mittel setzen Sie ein, um Ihre Ziele zu erreichen?
- **Wo?** Welche Berufe stellen Sie sich für Ihre Karriere vor? Sortieren Sie sie nach Funktion und Bereich.
- **Was?** Wo liegen Ihr Know-how und Ihre Interessensgebiete? Wie sieht Ihre Persönlichkeit aus?

Mit diesem Test können Sie Ihre Vorgehensweise bei der Arbeitssuche (Wie?), die Eindeutigkeit Ihres Ziels (Was?) sowie Ihre Fähigkeit, Ihre Situation auszuwerten (Was?), überprüfen.

DER MYERS-BRIGGS TYPE INDICATOR

Der Myers-Briggs Type Indicator (MBTI) ist ein psychologisches Bewertungsinstrument, mit dem Ihr Persönlichkeitsprofil erstellt und Ihre Stärken, Schwächen sowie die Arten von Beruf oder der Bereich festgestellt werden können, die Ihnen entsprechen. Es handelt sich um einen Fragenkatalog, der sich mit Ihrer Art und Ihrem Handeln in Ihrem Berufs- und Privatleben beschäftigt. Sie können aus den zwei vorgegebenen Antworten diejenige auswählen, die Ihnen am meisten entspricht. Dabei können Sie Ihre Entscheidung mithilfe von sechs Feldern relativieren, wobei Sie sich entweder der einen oder der anderen Antwort annähern. Ähnliche Tests sind im Internet kostenfrei zugänglich, das Original wird jedoch von der Myers Briggs Company vertrieben. In der folgenden Tabelle finden Sie einige Beispiele, für eine Auswertung sollten Sie jedoch eine Seite zu Rate ziehen, die den Test anbietet.

Beispiels eines MBTI-Tests

Ich bevorzuge es, alleine, in einer ruhigen Umgebung nachzudenken.	0						Ich bevorzuge es, aktiv und unter Menschen zu sein.
Ich bevorzuge es, zunächst alleine über ein neues Thema nachzudenken und mich danach mit anderen darüber auszutauschen.							Ich bevorzuge es, in der Gruppe über ein neues Thema zu sprechen.
Ich höre mir die Meinung anderer Personen an, bevor ich eine Entscheidung treffe.							Ich treffe Entscheidungen, ohne um die Meinung anderer gefragt zu haben.
Ich lerne gerne neue Menschen kennen.							Ich bin gerne allein oder mit einer Person zusammen, die ich gut kenne.
Ich verbringe nicht viel Zeit damit, über meine Gedanken oder Gefühle nachzudenken.							Es fällt mir leicht, über meine Gedanken und Gefühle zu sprechen.
Ich rede mehr, als ich zuhöre.							Ich höre mehr zu, als ich spreche.

Ich ziehe konkrete, wirklichkeitsbezogene Themen vor.						Ich ziehe abstrakte bzw. theoretische Themen vor.
Ich beschäftige mich lieber mit der Gegenwart und sicheren Ereignissen.						Ich beschäftige mich lieber mit der Zukunft und möglichen Ereignissen.
Ich stütze mich auf nachprüfbare Aspekte, um Entscheidungen zu fällen.						Ich stütze mich auf Überzeugungen und Gefühle, um Entscheidungen zu treffen.
Ich halte mich für eine sensible Person.						Ich halte mich für eine überlegt handelnde Person.
Wenn ein Problem auftritt, frage ich mich vor allem, ob es sich wirklich um ein Problem handelt.						Wenn ein Problem auftritt, frage ich mich vor allem, ob es wichtig ist.
Ich passe mich an Veränderungen an und halte mir gerne alle Optionen offen.						Ich bevorzuge Konstanz und möchte gerne im Vorfeld wissen, was passieren könnte.

© 50MINUTEN.de

Ihre Meinung ist uns wichtig!
Hinterlassen Sie doch einen Kommentar auf der
Seite unserer Online-Buchhandlung
und teilen Sie Ihre Favoriten in den sozialen
Netzwerken!

DARÜBER HINAUS

LITERATURVERZEICHNIS

- *1819.brussels*: „Bien réseauter : comment faire?" (Juli 2015). http://www.1819.be/fr/content/bien-reseauter-comment-faire (22.10.2019).

- Alis, David; et al.: *GRH. Une approche internationale*. 3. Auflage. De Boeck: Louvain-la-Neuve 2011.

- *ANPE*: „Comment identifier ses savoir-faire et ses qualités". (2006). http://www.metiersducommerce.fr/pdf/comment_identifier_ses_savoir-faire_et_qualites.pdf (22.10.2019).

- *APCE*: „Utiliser les réseaux sociaux pour communiquer et prospecter sur le web". (August 2014). https://www.apce.com/pid12268/les-reseaux-sociaux.html?espace=3 (23.10.2019).

- Guérin, Olivier: „Valoriser son image tout au long de sa carrière, la stratégie gagnante". *Journal du Net*. (10.07.2012). http://www.journaldunet.com/management/expert/51994/valoriser-son-image-tout-au-long-de-sa-carriere--la-strategie-gagnante.shtml (22.10.2019).

- *Jobat*: „Prêt à changer de carrière? Faites le point en 4 étapes".
  http://www.jobat.be/fr/articles/pret-a-chan-ger-de-carriere-faites-le-point-en-4-etapes/
  (23.10.2019).

- Kochan, Thomas A.: „Advice for the Underemployed Class of 2014". *Fortune.*
  (20.06.2014).
  https://fortune.com/2014/05/20/ad-vice-for-the-underemployed-class-of-2014/
  (22.10.2019).

- Longour, Michèle: „Premier emploi: bien définir son objectif professionnel". *Réussir ma vie.*
  http://www.reussirmavie.net/Premier-emploi-bien-definir-son-objectif-professionnel_a1131.html
  (23.10.2019).

- Préaux, Céline: „Le networking pour les nuls: 10 astuces". *Références.* (22.12.2017).
  https://references.lesoir.be/article/le-networking-pour-les-nuls-10-astuces/ (23.10.2019).

- Qadeer, Susan: „Comment trouver un emploi? Quelques stratégies de carrière à l'intention des nouveaux arrivants". *Etablissement.* (Mai 2012).
  http://etablissement.org/ontario/emploi/trouver-un-emploi/recherche-d-emploi/comment-trouver-un-emploi-quelques-strate-gies-de-carriere-a-l-intention-des-nouveaux-arri-vants/ (23.10.2019).

- *Reconversion professionnelle*: „Réussir sa reconversion professionnelle".
http://www.reconversionprofessionnelle.org/ (23.10.2019).

- *Talents-carrière*: „Le bilan stratégie de carrière".
https://www.talents-carriere.fr/prestations/
bilan-strategie-de-carriere/ (22.10.2019).

WEITERFÜHRENDE LITERATUR

- Haag, Barbara: *Authentische Karriereplanung.* Springer Gabler: Wiesbaden 2013.

- Kötter, Robert; et al.: *Design Your Life. Dein ganz persönlicher Workshop für Leben und Traumjob!* Campus: Frankfurt 2015.

MEHR AUF 50MINUTEN.DE

- Debruche, Valérie: *Das Enneagramm. Eine Methode zum Bestimmen des eigenen Persönlichkeitstyps.* Aus dem Französischen von Mareike Lobeck. Plurilingua Publishing: Brüssel 2019.